LA *Compra de* LOUISIANA

escrito por
LINDA THOMPSON

Rourke
Publishing LLC
Vero Beach, Florida 32964

www.rourkepublishing.com

PHOTO CREDITS:
Courtesy Butch Bouvier, www.keelboat.com: page 33; Courtesy Charles Reasoner: pages 16, 35; Courtesy Independence National Historic Park: pages 25, 26; Courtesy Library of Congress, Edward S. Curtis Collection: pages 31, 37, 38; Courtesy Library of Congress Prints and Photographs Division: Title Page, pages 5, 7, 8, 9, 10, 11, 12, 17, 18, 19, 20, 23, 24, 28, 29, 34, 42; Courtesy National Archives and Records Administration: pages 22, 30, Courtesy National Parks Service: pages 6, 39, 43; Courtesy Rohm Padilla: pages 4, 13, 27; Courtesy U.S. Army, Center of Military History: page 15; Courtesy U.S. Senate Archives: 21, 40; Courtesy U.S. Fish and Wildlife Service: pages 40, 41; Courtesy USGS: page 36.

SPECIAL NOTE: Further information about people's names shown in the text in bold can be found on page 47. More information about glossary terms in bold in the text can be found on page 46.

DESIGN: ROHM PADILLA

Library of Congress Cataloging-in-Publication Data

Thompson, Linda, 1941-
 [Louisiana Purchase. Spanish]
 La compra de Louisiana / por Linda Thompson.
     p. cm. -- (La expansión de América)
 ISBN 1-59515-662-3 (hardcover)
 ISBN 1-59515-706-9 (paperback)
 1. Louisiana Purchase--Juvenile literature. 2. United States--Territorial expansion--Juvenile literature. I. Title.

E333.T4718 2006
973.4'6--dc22

2005022710

TITLE PAGE IMAGE
Illustration of the Transfer of Louisiana

Printed in the U.S.A.

CONTENIDO

Capítulo I: **LA TIERRA LLAMADA LOUISIANA**

Sólo 20 años después de lograr su independencia, Estados Unidos de repente, y debido a un gran golpe de suerte, duplicó el tamaño de su territorio. Cincuenta años después,

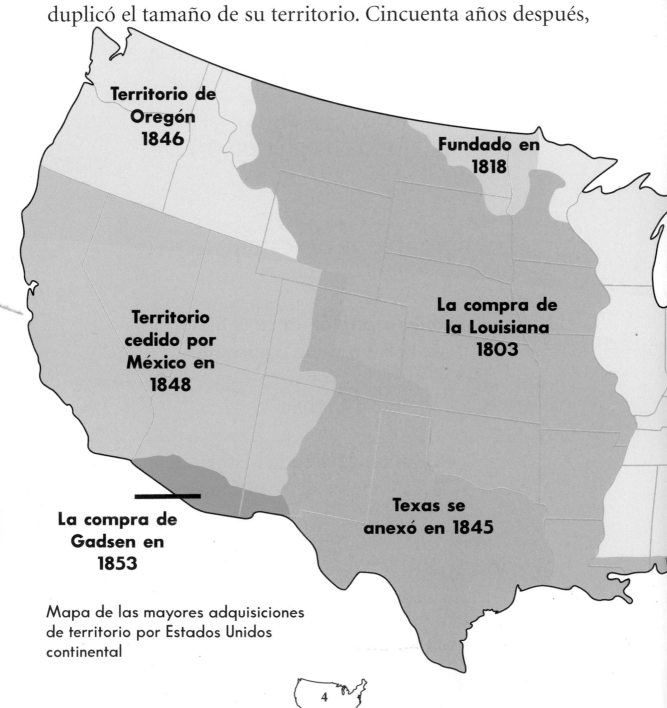

Territorio de
Oregón
1846

Fundado en
1818

Territorio
cedido por
México en
1848

La compra de
la Louisiana
1803

La compra de
Gadsen en
1853

Texas se
anexó en 1845

Mapa de las mayores adquisiciones
de territorio por Estados Unidos
continental

la joven nación se extendió a través de inmensas praderas y de altísimas montañas hasta llegar al Océano Pacífico. La manera en que los Estados Unidos crecíeron con tanta rapidez en tan corto tiempo, es aún una historia increíble.

Fue en 1803 que Estados Unidos registró su mayor expansión cuando el presidente **Thomas Jefferson** tomó una audaz decisión que duplicó el tamaño del país: La compra de Louisiana. El nuevo **territorio** se extendía desde el río Mississippi hasta las Montañas Rocosas, un área total de aproximadamente ¡828,000 millas cuadradas (2,144,354 km cuadrados) de terreno!

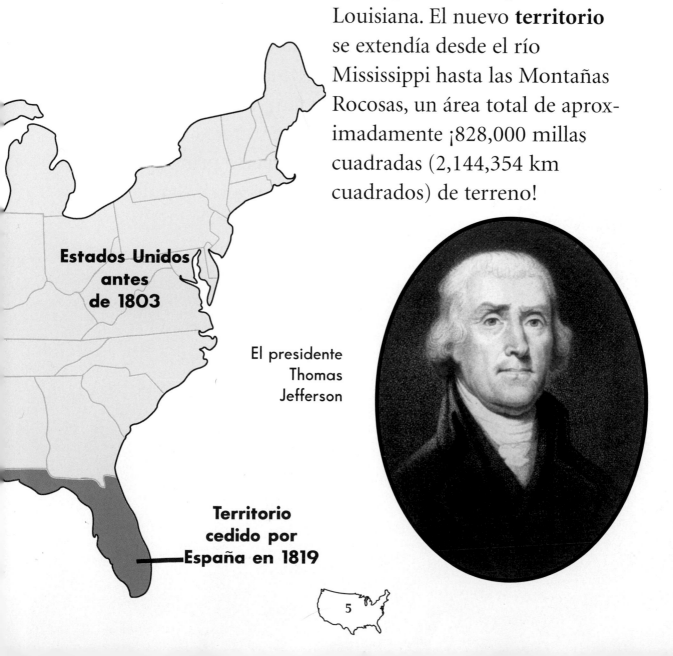

Estados Unidos antes de 1803

El presidente Thomas Jefferson

Territorio cedido por España en 1819

A principios del siglo XIX, Estados Unidos tenía solamente 17 estados y el enorme "Territorio del Noroeste" que rodeaba los Grandes Lagos. Había casi cinco millones y medio de americanos y la mayoría de ellos vivían en la costa oeste. Sin embargo, después de que se terminó la Guerra de Independencia en 1783, más de 700,000 colonos se habían mudado el oeste de los Montes Apalaches. Se agruparon en las regiones que después llegaron a ser Ohio, Indiana, Illinois, Kentucky, Tennessee, Alabama y Mississippi. Esta gente, que ya en el año 1803 superaba en número de ocho a uno a los nativos americanos, eran familias de granjeros, comerciantes de pieles, cazadores y aventureros. Muchos de ellos utilizaban el río Mississippi y el puerto principal de Nueva Orleans para enviar sus productos a la costa del Atlántico y a Europa.

Pero el bajo Mississippi y Nueva Orleans permanecían en manos extranjeras. Louisiana, originalmente reclamada por los exploradores franceses en nombre del rey **Louis XIV** en 1682, estaba bajo el control español desde 1763. Con la guerra de Independancia los Estados Unidos obtuvieron el territorio del noroeste, mientras Gran Bretaña se quedó

Rey Louis XIV

con Canadá y continuó reclamando el territorio de Oregón. Sin embargo, España aún controlaba la Florida, el suroeste y todo el territorio desde Texas hasta el Océano Pacífico.

Los Montes Apalaches, Virginia

7

A pesar de que España había sido **aliada** durante la Guerra de Independencia estaba decidida a no permitir la entrada de americanos en su territorio. Las escasamente pobladas tierras al oeste del río Mississippi servían, en particular, como una excelente zona para amortiguar los choques entre las ricas minas de plata españolas en México y los americanos que siempre querían más terreno.

Los americanos que vivían cerca de la **frontera** se sentían desatendidos por su gobierno. Algunos políticos en áreas remotas empezaron a animar a ciertos grupos para que se **separaran** de Estados Unidos y se unieran a España. En ese momento, el Congreso tenía que decidir si iba a alentar o no la colonización del oeste, y en 1787 aprobó la Ordenanza del Noroeste. Este acta decía, que los colonos podían elegir un gobierno territorial cuando vivieran en un "distrito" 5,000 mil hombres, (no incluyendo a los esclavos), y que podían solicitar estadidad con una población 60,000 habitantes.

Una cabaña de troncos con pobladores. Al fondo, un buque de vapor navega por el río.

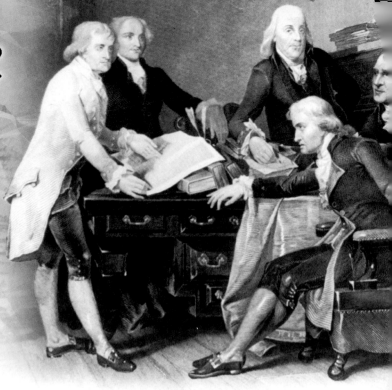

Se hace el borrador de la Declaración de Independencia (más arriba). Soldados de infantería del Ejército Continental, 1779-1783 (a la izquierda).

LA GUERRA DE INDEPENDENCIA

Después de las guerras con Francia, Inglaterra Se quedó con un imperio creciente y una deuda inmensa. Por esta razón, el rey decidió aumentar los impuestos a las colonias americanas. Los colonos protestaron y empezaron a formar un ejército. Las tensiones escalaron dando lugar a la Guerra de Independencia. El 4 de julio de 1776, el Segundo Congreso Continental aprobó la Declaración de Independencia (Fue redactada por **Thomas Jefferson**, con la participación **John Adams** y **Benjamín Franklin.**). Los ingleses se rindieron en 1781 y se firmó el **Tratado de París** el 3 de septiembre de 1783. Inglaterra le concedió la independencia a las 13 colonias.

Hombres aprendiendo a hacer y a reparar zapatos en una escuela de artes y oficios.

A través de su historia **colonial**, Nueva Orleans y sus alrededores han tenido características únicas. Tenía una gran población africana, la mayor parte de una región de África Occidental. Muchas personas negras no eran esclavos, sino comerciantes libres. En 1795, casi la mitad de los carpinteros, ensambladores, zapateros, plateros, armeros y costureras era negros libres. Los nativos americanos también formaban una gran parte de la población durante el siglo XVIII, y comerciaban comida, medicinas y otros bienes con los colonos, a los que les enseñaron métodos de construcción y juegos. Después de la independencia, Nueva Orleans se convirtió en un centro de comercio regional, con muchas tiendas y puestos de mercado en toda la ciudad. Como España y Francia tenían colonias en las Antillas Occidentales y mandaban especies, tabaco, azúcar y esclavos a América a través de Nueva Orleans, esta ciudad tenía una mezcla de gente, culturas e idiomas que no existía en ninguna otra parte de la nación.

LOS CAJUNES

Los cajunes, descendientes de inmigrantes de habla francesa que fueron obligados a salir de Nueva Escocia, Canadá a mediados del siglo XVIII, han vivido en Louisiana por mucho tiempo (La palabra "cajún" quiere decir de Acadia, antiguo nombre de Nueva Escocia). Los ingleses ser los forzaron a bordo de barcos, vagando

Una mujer cajuna muele arroz con mortero y mano.

por años, hasta por fin bienvenidos por las autoridades españolas de Louisiana. Hoy en día, cerca de 85,000 americanos afirman que son cajunes y 45,000 de ellos viven en Louisiana. Son conocidos por su cocina, su música y su danza.

En 1763, **Louis XV, sucesor** de Louis XIV, le había dado Nueva Orleans y el vasto territorio de sus alrededores de fronteras generalmente indefinidas, a su primo **Carlos III** de España. España, recelosa del gran número de recién llegados a sus territorios, cerró Nueva Orleans y el bajo Mississippi a los extranjeros en 1784. Once años después, preocupada de que la potente Gran Bretaña intentara apoderarse de Louisiana, firmó el **Tratado de Pinckney** con Estados Unidos, asegurando la libre navegación sobre el río Mississippi para los americanos y estableciendo Nueva Orleans como puerto libre de impuestos.

Mientras tanto, durante la Revolución Francesa, que comenzó en 1789, había sobresalido un poderoso general, **Napoleón Bonaparte**. Napoleón llegó a ser emperador de Francia y conquistó territorios en toda Europa. Los americanos sospechaban que Napoleón quería hacer lo mismo en el Nuevo Mundo.

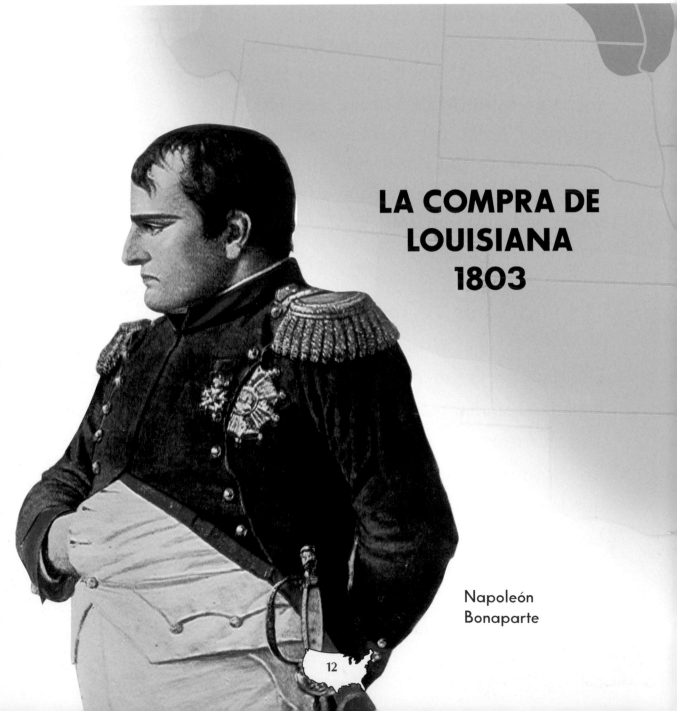

LA COMPRA DE LOUISIANA 1803

Napoleón
Bonaparte

LOUSIANA ENTONCES Y AHORA

"Louisiana," el nombre del enorme terreno que compró el presidente Jefferson, es hoy el nombre de un estado. El actual estado de Louisiana se conocía como "el Territorio de Orleans" mientras que "Louisiana" era un monte que se extendía desde el Golfo de México hasta Canadá y desde el río Mississippi hasta las Montañas Rocosas. De ese territorio resultaron los estados de Arkansas, Colorado, Iowa, Kansas, Louisiana, Minnesota, Missouri, Montana, Nebraska, New México, North Dakota, Oklahoma, South Dakota Texas y Wyoming. Cuando el Territorio de Orleans, que tiene forma de bota, se incorporó como estado en 1812, se le renombró Louisiana.

ESTADO DE LOUISIANA

13

Con esperanzas de reconquistar las Antillas Occidentales Francesas, de las que se habían perdido gran parte en la década de 1790 debido a levantamientos de **colonos**, a Napoleón le pareció que Nueva Orleans sería un puerto conveniente para abastecer a la Antillas Occidentales con alimento y madera. Napoleón le ofreció a **María Luisa**, la reina de España, el reino de Etruria en Toscana, Italia, a cambio de Louisiana. La reina se entusiasmó porque había crecido en Etruria. A su esposo, el rey **Carlos IV** también le agradó, porque gobernar Louisiana estaba agotando sus recursos y reduciendo el tesoro español. Esa sería una buena manera de retener la zona de amortiguación para proteger la **colonia** mexicana y hacer que Francia pagara los gastos.

Banderas de Francia (izquierda) y de España (derecha)

España y Francia formalizaron la entrega de Louisiana en secreto con del **Tratado de San Ildefonso** en 1800. El secreto fue necesario porque de enterarse los americanos, podían haber atacado a las débiles fuerzas españolas en Nueva Orleans. Cosa que hubiera sido más ventajosa para América, en lugar de esperar a que Francia, una nación mucho más potente, controlara Nueva Orleans.

AGENTE SECRETO NÚMERO 13

James Wilkinson, amigo de Jefferson, aceptó secreta-mente, en New Orleans, con-vertirse en un espía al servicio de España. Se le llamaba "agente secreto Nro. 13" y cobraba $2,000 al año. En la

James Wilkinson

década de 1790, le aconsejó a España que fomentara la colonización americana de Louisiana. El secretario de estado Jefferson escribió con entusiasmo, "Quisiera que cien mil de nuestros habitantes aceptaran la invitación. Sería la forma de obtenerla pacíficamente, lo que de otra manera nos costaría una guerra."

En 1801, el recién elegido presidente, Thomas Jefferson se alarmó al saber que el puerto de Nueva Orleans podría encontrarse de nuevo en manos francesas. Dijo que si el rumor era cierto, "…era imposible que Francia y Estados Unidos pudieran continuar siendo amigos." El 15 de octubre de 1801, nombró a su amigo, **Robert Livingston**, ministro de Estados Unidos en Francia. Su misión era con-vencer a Napoleón de que no adquiriera Louisiana para no dañar las relaciones con Estados Unidos.

El general
Toussaint
L'Ouverture

Livingston trató de persuadirlos, pero los franceses insistieron en que no tenían ningún pacto con España en cuanto a la Louisiana. Mientras tanto, Livingston se enteró de que miles de tropas francesas se dirigían a St. Domingue (actualmente Haití), una colonia francesa que se había rebelado. Al frente estaba el general **Toussaint L'Ouverture**, antiguo esclavo. Napoleón quería reconquistar la isla, especialmente por su valiosa cosecha de azúcar.

THOMAS JEFFERSON

Monticello, la casa de Thomas Jefferson

Thomas Jefferson fue probablemente el presidente de los Estados Unidos con más preparación. Se graduó de la Universidad William and Mary y versado estudió leyes. Muy leído en ciencias, agricultura e historia política, tuvo éxito como abogado hasta que se involucró en política como primer secretario de estado bajo el presidente Washington. Fue un gran arquitecto y diseñó su propia casa, Monticello, que se encuentra en el reverso de la moneda americana de cinco centavos. Falleció el 4 de julio de 1826, en el 50 aniversario de la Declaración de Independencia. Quiso ser recordado únicamente como autor de la Declaración de Independencia, fundador de la Universidad de Virginia y luchador por la libertad de credo.

Livingston le pidió a Napoleón que le cediera Nueva Orleans a los Estados Unidos, prometiendo que el puerto permanecería libre de impuestos para los barcos franceses, pero Napoleón no estaba interesado. Por el contrario, ordenó a su ministro de la marina que se preparara para tomar Louisiana por asalto en caso de que los americanos se resistieran. Pero el ministro no pudo reunir una armada, porque la mayoría de los barcos franceses ya habían zarpado para St. Domingue. Napoleón no sabía que sus tropas estaban siendo mermadas por las fuerzas de Toussaint L'Overture y también por la **fiebre amarilla.**

JEFFERSON LE DE A LIVINGSTON

Robert Livingston

"Hay en el mundo un lugar que le pertenece a nuestro enemigo natural. Es Nueva Orleans, por donde tienen que pasar los productos de tres octavos de nuestro territorio para llegar al mercado. El día en que Francia tome posesión de Nueva Orlens... nos tendremos que aliar con la armada y la nación de Gran Bretaña."

El 16 de octubre de 1802, el gobernador español de Louisiana súbitamente les revoco el derecho de almacenar carga en la ciudad de Nueva Orleans a los comerciantes americanos. El hecho efectivamente cerró de nuevo el puerto a los barcos americanos. Ciudadanos y políticos se enfurecieron y comenzaron a pedir que mandaran tropas para tomar Nueva Orleans. Jefferson comprendió que tenía que actuar y mandó a **James Monroe** a Francia como "**enviado** extraordinario" para que ayudara a Livingston con las negociaciones.

James Monroe

Nueva Orleáns en el siglo XIX

Monroe era un diplomático popular que había servido en Valley Forge con **George Washington**. Jefferson le dijo que intentara comprar Nueva Orleans y el oeste de la Florida por $9,375,000. (Jefferson y otros creían que la Florida estaba bajo el control de los franceses, pero en realidad le pertenecía a España.) Si la oferta de Monroe era rechazada, debería ofrecer $7.5 millones sólo por Nueva Orleans. Y si Napoleón rehusaba, Monroe debería intentar conseguir para los americanos el derecho permanente al uso del río Mississippi y de almacenar mercancías en Nueva Orleans.

¿CUÁNTO COSTARÍA HOY?

Si nos basamos en el índice de precios de consumo actual, los $9,375,000 que Monroe ofreció por Nueva Orleans y la Florida representarían hoy $151.7; y los $7.5 que ofreció solamente por Nueva Orleans, representarían $121.4. La cantidad que pidió Francia originalmente fue de $22,500,000, es decir $364.07 millones en moneda actual. ¿El precio final? Si el trato se hiciera hoy, los 15 millones que se pagaron en 1803, ascenderían a 242.7 millones de dólares.

Si Monroe no podía alcanzar ninguna de esas metas, Jefferson estaba preparado para formar una alianza con Gran Bretaña y para hacer el intento de tomar Louisiana por la fuerza. El presidente escribió, "El destino de esta república" depende del éxito de la misión de Monroe.

Unos meses antes de que Monroe se embarcara, Napoleón se dio cuenta de sus catastróficas pérdidas en St. Domingue. De los 28,300 soldados que envió en 1802, sólo 4,000 se encontraban aptos para el servicio en septiémbre de ese mismo ano. Los demás habían muerto o quedado incapacitados por las tropas de Toussaint o por la fiebre amarilla.

Los franceses atacan St. Domingue.

Además, existía una amenaza de guerra con Gran Bretaña y el tesoro francés necesitaba dinero en efectivo. Napoleón quería proteger y extender su imperio europeo. Por eso, durante la primavera de 1803, decidió venderle toda la Louisiana a Estados Unidos. En un asombroso cambio de táctica, les dijo a sus consejeros: "Considero la colonia completamente perdida y me parece, que en manos de [Estados Unidos] será más útil... a Francia que si intento retenerla." Le dio la orden a su ministro del tesoro, **François de Barbé-Marbois** [fran-swah-duh-bar-bay mar-bwah] de negociar con Livingston. Satisfecho, Napoleón escribió: "Esta adquisición de territorio fortalece para siempre el poder de Estados Unidos. Además acabo de darle a Inglaterra un rival marítimo que tarde o temprano acallará su orgullo."

Francois de Barbé-Marbois

Livingston y Monroe en negociaciones con Barbé-Marbois

Francia ofreció todo el territorio de la Louisiana por $22,500,000. Al principio, Livingston no estaba preparado y respondió que Estados Unidos estaba interesado únicamente en Nueva Orleans y la Florida. Monroe acababa de llegar y se encontraba en cama debido a fuertes dolores de espalda, así que Livingston tuvo que negociar él solo. El 27 de abril, Livingston y Barbé-Marbois se aparecieron en la habitación de Monroe con la noticia de que Napoleón había rebajado el precio a ¡$16 millones! Monroe y Livingston replicaron que $12 millones, actuando, técnicamente, más allá de su autoridad. En el tratado final, firmado el 2 de mayo (con fecha del 30 de abril) de 1803, los dos ministros aceptaron pagar $15 millones por un pedazo de tierras remotas, cuyo tamaño y extensión eran, en su mayor parte, indefinidos.

Libro que contiene los documentos de la Compra de la Louisiana

LAS PALABRAS DE NAPOLEÓN

"Louisiana, su territorio y sus dependencias serán parte de los Estados Unidos y se convertirán a su debido tiempo en un estado, o varios, según los términos de la Constitución de Estados Unidos... Estados Unidos se compromete a favorecer de manera especial el comercio y la navegación de ciudadanos franceses... Las naves francesas, españolas y sus mercancías no serán sujetas a derechos de aduana o aranceles, de los que podrán ser impuestos a otras naciones."

—Decreto de Napoleón autorizando la venta de Louisiana, el 23 de abril de 1803

Napoleón Bonaparte

Para asegurarse de que llegara a Estados Unidos, enviaron mensajeros con copias del tratado en tres barcos distintos. Aún así, pasaron casi dos meses y medio antes de que el presidente Jefferson recibiera la noticia. El primer barco atracó el 14 de julio. Cuando se dio cuenta de lo que habían logrado sus enviados, el eufórico Jefferson se refirió a la compra como "una transacción repleta de bendiciones para millones de hombres aún no nacidos."

Capítulo III: EL SUEÑO DE JEFFERSON

Mucho antes de que ser presidente de Estados Unidos, Thomas Jefferson soñaba con el oeste. Aunque Jefferson no se había aventurado a las tierras fronterizas, siempre se había imaginado que algún día los americanos encontrarían el "Gran río del oeste" o el Camino al Noroeste, que conducía al Océano Pacífico. Mientras fue secretario de estado y aún antes, había buscado al explorador perfecto para hiciera que realidad su sueño.

La expedición llegó a Kettle Falls del Río Colombia en el condado de Stevens, Washington a duras penas.

Después de ser elegido presidente, fijó su atención en el joven, **Meriwether Lewis**, quien había sido su vecino en el condado de Albemarle en Virginia. Lewis había servido seis años con las tropas de la frontera y el presidente lo consideraba ideal para la misión. Le ofreció a Lewis el puesto de secretario personal del presidente. Lewis, que en ese tiempo era el tesorero del Primer Regimiento de Infantería de Estados Unidos, pronto aceptó.

El presidente Thomas Jefferson (arriba).

Merriwether Lewis (derecha)

William Clark

Desde un principio, Jefferson y Lewis planearon una expedición al Pacífico. En 1802, Lewis había empezado a colectar el equipo y calcular los gastos de semejante viaje. Los dos hicieron planes como si se tratara de una investigación científica, para no alarmar a los españoles o a los franceses, en cuyos territorios los exploradores iban a adentrarse. Lewis ordenó cuchillos, rifles y municiones y empezó a supervisar la construcción de una armazón de hierro para un barco, que nombró The Experiment (El experimento). Empezó ha tomar clases de **navegación celestial** y consultó con un médico sobre cómo cuidar a sus hombres en tierras remotas.

El 18 de enero, Jefferson calmadamente le pidió fondos al congreso para financiar una expedición para explorar el oeste. La describió como una "búsqueda literaria" pero también tentó al congreso con referencias a las "enormes cantidades de pieles" que Inglaterra estaba obteniendo de los nativos americanos a lo largo del río Missouri. El congreso aprobó $2,500 para el plan.

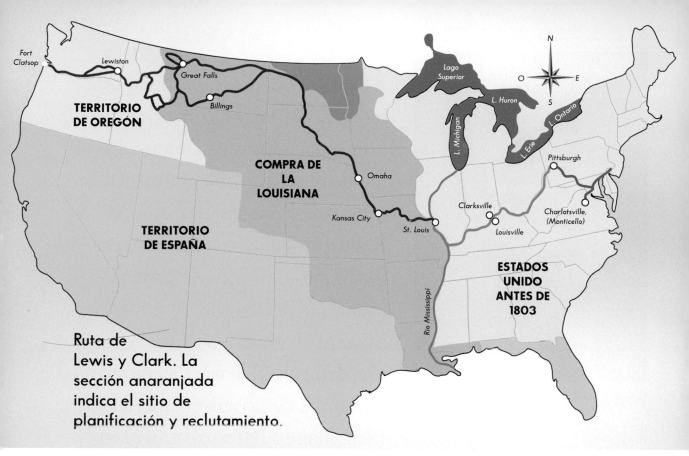

Ruta de Lewis y Clark. La sección anaranjada indica el sitio de planificación y reclutamiento.

El 14 de julio llegó la noticia a la Casa Blanca de que Louisiana ya le pertenecía a los Estados Unidos y con esto, se desvaneció el secreto. Un mes antes, Lewis le había escrito a **William Clark**, con quien había servido en la frontera, pidiéndole que lo ayudara a encabezar la expedición. Clark era hermano de un héroe de la Guerra de Independencia, **George Rogers Clark**. William le contestó con gusto: "Amigo mío, te aseguro que no existe otro hombre con quien preferiría emprender 'tal viaje.'" En septiembre, se encontraron en Louisville, Kentucky, donde reclutaron voluntarios y empezaron a reunir lo necesario para el viaje. Viajaron río abajo por el río Ohio hasta el Mississippi y luego río arriba a St. Louis, Missouri, donde establecieron un campamento de invierno.

William Claiborne

España, mientras tanto, no estaba nada conforme con la venta de Louisiana a Estados Unidos. No se había llevado a cabo el prometido intercambio de Etruria. Ahora, Napoleón había vendido un territorio que, a los ojos de España, todavía le pertenecía. El ministro español en Nueva Orleans se preparó para defenderla contra una toma de posesión americana. Pero cuando Jefferson amenazó con tomar Louisiana y la Florida por la fuerza, España retrocedió. El rey Carlos IV les ordenó a sus oficiales que le traspasaran Louisiana a Francia. El 30 de noviembre de 1803, el gobernador español puso las llaves de los fuertes de Nueva Orleans en una bandeja de plata y se las entregó al comisario francés, **Pierre Laussat**. Sólo 20 días después, Laussat, que esperaba presidir sobre una Louisiana francesa, se páro en el balcón de un hotel con lágrimas en los ojos. Al entregar las llaves a **William Claiborne**, el gobernador de Mississippi y a **James Wilkinson**, que ahora era el comandante general del ejército de tierra de Estados Unidos, se arrió la bandera francesa. Jamás volveriá a ondear sobre ninguna colonia de Norteamérica.

Las reacciones a la Compra de Louisiana en Estados Unidos variaron desde entusiasmo incontrolable hasta protestas furiosas. Los **federalistas** pensaron que era ridículo pagar $15 millones por, en las palabras del editor de un periódico, "un monte deshabitado sin ningún ser, salvo los lobos y los indios errantes." La Constitución no estipulaba el derecho del presi-

La bandera americana se iza en Nueva Orleáns

dente de adquirir tierras nuevas, y algunos pensaban que la compra era ilegal. La promesa de Jefferson de otorgar la ciudadanía a personas que vivían fuera de Estados Unidos también ocasionó protestas. En caso de que el tratado fuera revocado, Jefferson redactó el borrador de una enmienda constitucional que decía: "Louisiana, cedida por Francia a Estados Unidos, pasa a formar parte de Estados Unidos." Pero al oír que Napoleón podía arrepentirse, se dio prisa y llevó el tratado directamente al senado, en lugar de introducir la enmienda. El senado **ratificó** el tratado en solamente cuatro días y Louisiana se convirtió en tierra americana el 20 de octubre de 1803.

CÓMO PAGARON LOS ESTADOS UNIDOS POR LOUISIANA

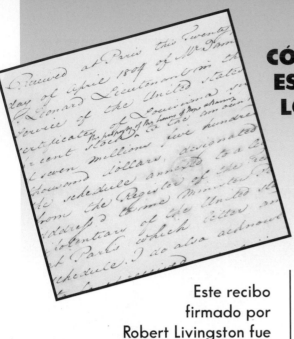

Este recibo firmado por Robert Livingston fue parte de la transacción.

En 1803, EE.UU. tenía una deuda de $7,852,000 y nada de dinero en efectivo. El ministro del tesoro de Napoleón, Francois de Barbé-Marbois, que se había encargado de los detalles del trato con Livingston, se ofreció a ayudar. Se encargó de hacer los trámites para que un banco británico le prestara $15,000,000 a Estados Unidos. Aunque Inglaterra y Francia estaban en guerra, el primer ministro inglés aprobó el préstamo. Estaba ansioso de que Francia saliera de Norteamérica. El banco británico le pagó a Napoleón en efectivo y luego entregó Louisiana a Estados Unidos a cambio de **bonos** por un valor de $15,000,000. Estos deberían ser reembolsados con **dividendos** (a un **interés** de seis por ciento) en un plazo de 15 años.

El tratado de compra no delimitó las fronteras. Las únicas fronteras que los franceses habían reconocido eran aquellas que existían cuando la colonia era de España, y no estaban bien definidas. Las fronteras cercanas a Texas y a Nuevo México no estaban determinadas. Algunos detractores temían que los colonos, en ese territorio inmenso, estarían tan desperdigados que sería imposible gobernarlos. También pensaban que los grupos de nativos desconocidos podían ofrecer resistencia a los colonos americanos.

Los colonos no conocían a grupos nativos como los atsina de esta foto.

España y Estados Unidos no pudieron llegar a un acuerdo sobre la frontera occidental de Louisiana con Texas, que era parte de las propiedades españolas en México. Los intentos de resolver la situación fracasaron en 1805, cuando los dos países rompieron relaciones diplomáticas. Irónicamente, el general Wilkinson encontró una solución aceptable a los dos lados, en parte porque ¡era espía al pago de España! Consistió en establecer una franja de terreno neutral, donde por un período de 10 años ninguna de las dos potencias estaría encargada. En 1819, ambos países firmaron un tratado que colocó la frontera a lo largo del río Sabine, donde aún se encuentra.

Capítulo IV:
LA BRIGADA DE DESCUBRIMIENTO

Al igual que mucha gente de su época, Thomas Jefferson pensaba que los ríos deberían correr hacia el oeste desde el río Missouri hasta el Océano Pacífico. Una de las metas principales de la expedición de Lewis y Clark, cuyo nombre oficial era La brigada de descubrimiento, era encontrar este "Camino al Noroeste."

El capitán Meriwether Lewis tenía 30 años. El teniente William Clark, 34. El cuerpo de su expedición constaba de unos 45 hombres – exploradores jóvenes, soldados y guías franceses. Clark llevó también a su esclavo africano americano llamado **York** –al que siempre se refería como "mi sirviente". El perro negro terranova de Lewis, "Seaman" (Marinero), también acompañó al grupo. La brigada partió río arriba por el río Missouri en un gran **banco de quilla** y dos **piraguas**. Los soldados remaban a lo largo de la margen para cazar y protegerse contra ataques de los indios. En caso de que no hubiera un río que se comunicara, Lewis llevaba ruedas y ejes para construir carretas y llevar los abastecimientos por tierra. Navegaron a vela, remaron, se impulsaron con pértiga o halaron el barco con sogas desde la orilla. En un buen día de viaje, lograban avanzar unas 14 millas (22.5 km).

Lewis y Clark navegaron el río Missouri en un barco de quilla. Dibujo de Clark (fondo)

Después de viajar por 164 días y cerca de 1,600 millas (2,575 km), la brigada llegó a los poblados de los amigables indios **mandan**, cerca del actual Bismarck, North Dakota. Como era invierno, decidieron hacer el campamento allí. Fue una decisión afortunada, porque conocieron a **Toussaint Charbonneau**, un indio francés, cuya esposa de 18 años sería de gran importancia para su viaje. Se llamaba **Sacagawea**, que significa, "Mujer pájaro". Se la habían robado a su familia **shoshone** en Montana occidental cuando era una niña y recordaba sus tierras muy bien. Hablaba varios idiomas nativos así como el francés. Como su esposo hablaba francés al igual que inglés, con la ayuda de ella, Lewis y Clark pudieron conversar con ella. Convencer a esta pareja de que los acompañaran hasta el Pacífico como **intérpretes** resultó ser una decisión acertada que contribuyó al éxito de la expedición.

Hombres *mandan* en barcos. Poblado al fondo.

EL BEBÉ DE SACAGAWEA

Sacagawea cargaba a su bebé de dos meses, **Jean Baptiste**, en un **portabebés** que llevaba a la espalda. William Clark se encariñó con el niño, y le puso como apodo Pompy o Pomp. Tiempo después, Clark se hizo cargo de la educación del niño. Más tarde, Baptiste permaneció en Europa por seis años, como huésped de un príncipe alemán y aprendió a hablar cuatro idiomas con flu-idez. De adulto, vivió en las montañas fue explorador y cazador. Jean Baptiste llegó a participar en la fiebre del oro en California.

Fotagrafia de Great Falls, Montana actual

En junio de 1805, la brigada de descubrimiento llegó a las grandes cascadas del río Missouri hoy Great Falls, Montana. Les tomó otros dos meses para llegar al **nacimiento del río** en lo que es hoy la frontera entre Montana y Idaho. Parte de este viaje se hizo por el río, y gran parte tuvo que hacerse, cargando los abastecimientos por tierra. Sacagawea empezó a reconocer las tierras de su niñez y el 21 de agosto, cuando alcanzaron la cumbre de la **División Continental**, se encontraron con un grupo shoshone a caballo. Sacagawea rompió a llorar al darse cuenta de que su hermano, el Jefe **Cameahwait**, iba al frente de grupo. Los shoshone les ofrecieron caballos, y los guiaron por algunas millas.

Lewis y Clark llegaron a Decision Point, el lugar donde se unen el río Missouri y el río Marías, antes de llegar a Great Falls.

A las tres semanas, los exploradores se encontraron con grandes dificultades. Perdidos y sin nada de caza, se vieron obligados a matar y comerse algunos de sus caballos. Al fin, llegaron al río Clearwater cerca de lo que es hoy Orofino, Idaho. Estas eran las tierras de los **nez percé**, que resultaron amigables y que fueron de gran ayuda para Lewis y Clark. Les dieron comida, los ayudaron a construir canoas de troncos huecos y aceptaron cuidar de sus caballos. El 7 de octubre, la brigada continuó la marcha por el río Clearwater en varias canoas. Un mes despuees, se conectaron primero con el río Snake y luego con el Columbia, llegaron al fin al Océano Pacífico.Construyeron el fuerte, **Fort Clatsop** a unas cuantas millas de la **desembocadura** del río Columbia y allí pasaron el invierno.

Hombre nez percé en una piragua

37

Durante el viaje de regreso, la brigada se dividió cerca de lo que es hoy Missoula, Montana. Lewis encabezó un grupo río arriba, por el río Clark's Fork hasta llegar a Great Falls y Clark se llevó al resto de los hombres a explorar el río Yellowstone hacia el sur. El viaje de Lewis tomó mucho menos tiempo de lo que él esperaba, así que, antes de encontrarse con Clark, decidió investigar las praderas al

Hombre blackfeet a caballo. El río Yellowstone (en el fondo)

norte y al oeste. Al hacerlo, se encontró con un grupo de blackfeet (pies negros), la tribu más poderosa y más guerrera del noroeste. Al amanecer, los **blackfeet** intentaron robarse algunas de las armas y caballos del grupo e, imprudentemente, el grupo de Lewis hirió a un guerrero y dió muerte a otro. Debido a este incidente, el territorio de las zomas altas de los ríos Missouri y Yellowstone se hizo muy peligroso para los viajeros americanos por muchos años.

Lewis matando un oso grizzly

En camino al reencuentro con Clark, un hombre del grupo hirió a Lewis mientras cazaban alces. Aunque sufría de dolor, Lewis dirigió al grupo hasta el Missouri, donde construyeron barcos y se unieron con el grupo de Clark como habían planeado. Dejaron a Charbonneau, Sacagawea y Pompy en los poblados de los tribus mandan, y toda la brigada regresó a St. Louis el 23 de septiembre de 1806. Habían viajado más de 8,000 millas (12,875 km) en dos años, cuatro meses y diez días. Más o menos la mitad del equipo había completado la jornada completa, mientras que la otra mitad había regresado a mitad de camino para llevarle mapas y muestras científicas al presidente Jefferson.

La carne de ante se encontraba fácilmente.

Cascanueces de Clark (izquierda) y pájaro carpintero de Lewis (derecha)

ALGUNAS DE LAS NUEVAS ESPECIES QUE DESCUBRIERON

Lewis y Clark llenaron una docena de libros de piel de alce con anotaciones y dibujos. De forma científica, documentaron, por primera vez, 178 especies de plantas y 122 de animales. Las plantas desconocidas incluían bitterroot, raízamarga; bear grass, hierba de oso; acebo; salal y salmonberry, baya de salmón. Algunos de los animales fueron enviados vivos a Jefferson, incluyendo un perrito de la pradera y cuatro urracas. Le mandaron también restos de otros animales como cuernos de alce, la piel y los huesos de un tejón, el cuero de una comadreja y una túnica de bisonte pintada por la tribu mandan. Entre las criaturas identificadas por primera vez estaban la foca común, el cóndor de California, el borrego cimarrón, la cabra montes, la trucha común, el gallo de las Artemisas, la urraca ocotera, el puma, el oso gris (grizzly), el berrendo, la gaviota occidental, el mapache, el coyote y la ardilla terrestre. A algunos animales les pusieron los nombres de los líderes de la expedición, como el cascanueces de Clark y el pájaro carpintero de Lewis.

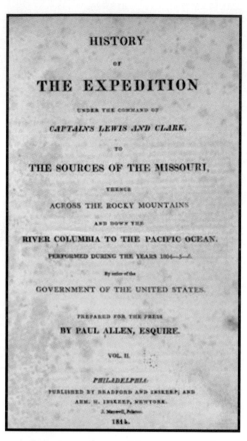

Página de un libro que relata la expedición de Lewis y Clark

La brigada de descubrimiento no logró encontrar el paso del noroeste, pero sí ayudó a establecer la presencia de Estados Unidos en el noroeste del Pacífico. Lewis y Clark recopilaron un asombrosa "base de datos" sobre la tierra, las plantas y e, clima y los nativos de ese territorio los animales salvojes la mayor parte inexplorado. La brigada trazó el mapa de miles de millas de tierras inexploradas, preparando así el camino para la exploración y la colonización del territorio de Louisiana. Hicieron amistad con muchos grupos de nativos americanos, siendo los Blackfeet una excepción, y anotaron y dibujaron cientos de detalles de sus vidas. Llevaron a cabo todo esto por un costo total de $38,727. En agradecimiento, el Congreso decidió doblarle el sueldo a cada miembro de la expedición y le dio 320 acres (130 hectáreas) de terreno a cada uno. Lewis y Clark recibieron 1,600 acres (648 hectáreas) de tierra y otras comisiones gubernamentales (A Charbonneau también le pagaron, pero Sacagawea no recibió ni un centavo).

Los diarios de Lewis y Clark se publicaron ocho años después de su regreso. Aún hoy representan un logro impactante. A pesar de muchas desventuras, solamente uno de los hombres murió durante la expedición, **Charles Floyd**, que cayó enfermo en Iowa. Muchas se han colocado a lo largo de la ruta de Lewis y Clark para ayudar a la gente a trazar el viaje y comprender su importancia histórica.

Monumento en la tumba de
Charles Floyd en Iowa

FLOYD

THIS SHAFT
MARKS THE BURIAL PLACE OF
SERGEANT CHARLES FLOYD
A MEMBER OF THE
LEWIS AND CLARK EXPEDITION
HE DIED IN HIS COUNTRY'S SERVICE
AND WAS BURIED NEAR THIS SPOT
AUGUST 20 1804
GRAVES OF SUCH MEN ARE PILGRIM SHRINES
SHRINES TO NO CLASS OR CREED CONFINED
ERECTED A D 1900
BY THE
FLOYD MEMORIAL ASSOCIATION
AIDED BY THE UNITED STATES
AND THE STATE OF IOWA

1682   Exploradores franceses en el río Mississsppi reclaman un inmenso territorio en nombre del rey de Francia, Louis XIV, y le dan el nombre de Louisiana.

1763   Con el tratado de París que termina la Guerra con Francia y los indios, Francia le da Nueva Orleans y Louisiana a España.

    Las 13 colonias inglesas obtienen su independencia como resultado de la guerra de Independencia y nacen los Estados Unidos de América.

1787   El Congreso aprueba la Ordenanza del Noroeste.

    Thomas Jefferson es secretario de estado bajo George Washinton.

    Surge la Revolución francesa. Napoleón toma el poder en 1799 y se convierte en el dictador de Francia.

    Thomas Jefferson es vicepresidente bajo el presidente John Adams.

1800
España devuelve Louisiana a Francia con el Tratado de San Ildefonso. Thomas Jefferson es elegido presidente de Estados Unidos y sirve hasta 1809.

1802
Carlos IV, rey de España, le entrega Louisiana oficialmente a Francia. El administrador español de Nueva Orleans le cierra el puerto a la navegación americana.

El presidente Jefferson envía a James Monroe a Francia para ayudar a Robert Livingston, el ministro de Estados Unidos, a hacer el intento de comprar Nueva Orleans. Logran la compra de toda la Louisiana por $15 millones. El Congreso ratifica el tratado en noviembre.

Jefferson envía a Meriwether Lewis y a William Clark a una expedición llamada la brigada de descubrimiento para explorar las regiones del norte y del sur de Louisiana.

El Congreso aprueba la Ley de concesión de territorios. Ya en 1890, dos millones de personas se habían mudado al oeste y reclamado tierras según había legitimado la ley.

GLOSARIO

aliado - Amigo o persona que ayuda.

barco de quilla - Barco de río cubierto, con casco poco profundo y parte inferior plana que se usa para transportar carga.

blackfeet - Grupo de nativos americanos de habla algonquian.

bono - Papel que representa una cantidad de dinero que se debe; papel que se vende para recaudar dinero que se reembolsará, con interés, en el futuro.

colonia - Grupo de personas que vive en un territorio, pero que depende del estado de donde provienen.

colonial - Relaciona do a las colonias.

colono - Persona que establece una colonia o que puebla tierras o regiones nuevas.

desembocadura - Apertura; el lugar donde un arroyo, riachuelo o río entra a un cuerpo de agua de mayor tamaño.

dividendo - Parte o cuota, con frecuencia de dinero, que le corresponde a cada accionista.

División Continental - Línea de separación que corre a lo largo de un continente; en Estados Unidos es la línea que divide el desagüe entre las vías fluviales que fluyen al Océano Atlántico y las que fluyen al OcéanoPacífico.

enviado - Persona que representa a un gobierno en sus negociaciones con otro.

federalista - Perteneciente a el partido político estadounidense formado en 1787 y encabezado por George Washington.

fiebre amarilla - Infecciosa y mortal enfermedad de las regiones cálidas, causada por un virus, transmitido por un cierto tipo de mosquito.

Fort Clatsop - Fuerte que construyeron Lewis y Clark en la costa del Pacífico cerca de lo que es hoy Astoria, Oregon para su campamento de invierno, y que nombraron por los nativos americanos del área.

frontera - División entre dos países; región que está en el linde de un territorio poblado.

interés - Cantidad que se paga por el uso de dinero prestado, típicamente un porcentaje de la cantidad que se presta.

intérprete - El que interpreta o traduce, por ejemplo, para las personas que hablan diferentes idiomas.

litoral - Tierras costeras

milicia - Cuerpo de ciudadanos que se organiza para el servicio militar y al que se llama en caso de emergencia.

nacimiento del río - Lugar de donde brota un río o un arroyo.

navegación celestial - Trazar un curso basándose en la posición de las estrellas, los planetas y otros cuerpos celestes.

nez percé - Grupo de nativos americanos de Washington, Idaho y Oregón.

piragua - Un tipo de canoa

portabebé - Bolsa cosida o tejida y atada a una plataforma rígida que usaban los nativos americanos para cargar a bebés.

ratificar - Aprobar algo formalmente.

Revolución Americana o Guerra de Independencia (1775-1781) - guerra en que las 13 colonias americanas logran su independencia de Inglaterra.

separarse - Apartarse de una organización o nación.

shoshone - Grupo de nativos americanos que originalmente vivían desde California hasta Wyoming y que hablaban un idioma Uto Azteca.

sucesor - El que sigue, especialmente uno que toma un trono u oficina.

territorio - Área geográfica; por ejemplo un área bajo control de EEUU con legislatura pero que aún no es estado.

Tratado de París - Varios tratados históricos llevan este nombre, en este caso, el acuerdo de 1783 entre EE.UU. y Bretaña que terminó la Revolución Americana.

Tratado de Pinckney - Tratado negociado por Thomas Pinckney en 1795 entre Estados Unidos y España, concediendo la navegación libre en el Mississippi a los americanos y haciendo a Nueva Orleans un puerto libre de impuestos.

Tratado de San Ildefonso - Tratado secreto de 1800 entre Francia y España. España intercambió Louisiana por Etruria en Italia, y también le dio a Italia seis buques de guerra. Pero, en realidad, Napoleón defraudó a España. No le entregó ningunas tierras en Italia.

La compra de Louisiana

Adams, John (1735-1826) - Segundo presidente de Estados Unidos (1707-1801).

Barbé-Marbois, Francois de - Ministro del tesoro de Francia bajo Napoleón

Bonaparte, Napoleón (1769-1821) - Oficial del ejercito de tierra francés que tomó el poder después de la Revolución Francesa. Se proclamó emperador en 1804.

Cameahwait, Jefe - Jefe de los Shoshone y hermano de Sacagawea.

Carlos III (1716-1788) - Rey de España (1759-1788). Francia le dio Louisiana en 1763.

Carlos IV (1748-1819) - Rey de España (1788-1808).

Charbonneau, Jean Baptiste (Pompy) (1805-1866) Hijo de Sacagawea y Toussaint Charbonneau.

Charbonneau, Toussaint - Indio francés, esposo de Sacagawea, la interprete y guía Shoshone la brigada de descubrimiento.

Claiborne, William (1775-1817) - Primer gobernador del territorio de Louisiana (1803-1812) y del estado de Louisiana (1812-1816).

Clark, George Rogers (1752-1818) - General durante la Revolución Americana y hermano de William Clark.

Clark, William (1752-1817) - Explorador estadounidense que, junto con Meriwether Lewis, encabezó la brigada de descubrimiento, la bien conocida exploración de la Compra de Louisiana (1804-1806).

Floyd, Charles (1782-1804) - Sargento de Kentucky, uno de los primeros voluntarios que se unieron a la brigada de descubrimiento y la única baja durante la expedición; falleció el 20 de agosto de 1804, probablemente a causa de una apendicitis.

Franklin, Benjamín (1706-1790) - Inventor y diplomático estadounidense que ayudó con el bosquejo de la Declaración de Independencia.

Jefferson, Thomas (1743-1826) - Tercer presidente de Estados Unidos (1801-1809).

Laussat, Pierre - Comisario francés que le entregó Louisiana a Estados Unidos en 1803.

Lewis, Meriwether (1774-1809) - Secretario del presidente Jefferson y explorador estadounidense; con William Clark, encabezó la brigada de descubrimiento en la exploración de la Compra de Loisiana (104-1806).

Livingston, Robert (1746-1813) - Diplomático estadounidense que ayudó a negociar la Compra de Louisiana.

Louis XIV (1638-17150) - Rey de Francia (1643-1715). Louisiana lleva su nombre desde 1682.

Louis XV (1710-1774) - Rey de Francia (1715-1774) después de su bisabuelo.

María Luisa (1751-1819) - Reina de España, esposa de Carlos IV

Monroe, James (1758-1831) - Quinto presidente de Estados Unidos (1817-1825); con Robert Livingston, negoció la Compra de Louisiana en 1803.

Portabebé - Bolsa cosida o tejida y atada a una plataforma rigida que usaban los nativos americanos para cargar a sus bebés.

Sacagawea - Mujer Shoshone que sirvió de guía e interprete para Lewis y Clark durante su exploración de la Compra de Louisiana (1804-1806).

Toussaint L'Ouverture, Francois Dominique (1744-1803) - Líder de la Independencia de St. Domingue (Haití); aunque derrotó a las tropas de Napoleón en la isla, fue capturado y murió en una prisión francesa.

Washington, George (1732-1799) - Primer presidente de Estados Unidos (1789-1797).

Wilkinson, James (1757-1825) - General estadounidense que tomó parte en varias conspiraciones para dividir el país. Gobernador de Louisiana de 1805 hasta 1806.

York - Esclavo africano americano y compañero por vida de William Clark. Lo acompañó en la expedición. Cuando Clark le concedió su libertad, unos 10 años después de regresar, se mudó a Kentucky.

ÍNDICE

Libros de Interés

Bernstein, Vivian. *America's History: Land of Liberty/Book 2*, Steck-Vaughn Company, 1997.

Blumberg, Rhoda. *What's the Deal? Jefferson, Napoleon and the Louisiana Purchase*, National Geographic Society, 1998.

Burgan, Michael. *The Louisiana Purchase*, We the People Series, Compass Point Books, 2002.

Kozar, Richard. *Lewis & Clark: Explorers of the Louisiana Purchase*, Chelsea House, 2000.

Sakurai, Gail. *The Louisiana Purchase*, Cornerstones of Freedom, Children's Press, 1998.

Sitios en la red

http://www.pbs.org/lewisandclark/

http://www.earlyamerica.com/earlyamerica/milestones/louisiana/index.html

http://louisianapurchase.umsl.edu/

http://www.yale.edu/lawweb/avalon/diplomacy/france/fr1803m.htm

http://www.usgennet.org/usa/topic/preservation/history/louis/toc.htm

http://www.nationalgeographic.com/west/

http://www.nps.gov/jeff/LewisClark2/CorpsOfDiscovery/CorpsOfDiscoveryMain.htm

Linda Thompson es nativa del estado de Montana y graduada de la Universidad de Washington. Fue maestra, escritora y editora en el área de la Bahía de San Francisco por 30 años. Ahora vive en Taos, New Mexico. Su sitio en la red:

http://www.highmesaproductions.com